Kai Uwe Ralfs

Ausreden und Anekdoten
für Sportschützen
Teil 2

Kai Uwe Ralfs

Ausreden und Anekdoten für Sportschützen

Teil 2

Bibliografische Information der Deutschen Nationalbibliothek: Die Deutsche Nationalbibliothek verzeichnet diese Publikation in der Deutschen Nationalbibliografie; detaillierte bibliografische Daten sind im Internet über http://dnb.dnb.de abrufbar.

Die automatisierte Analyse des Werkes, um daraus Informationen insbesondere über Muster, Trends und Korrelationen gemäß §44b UrhG („Text und Data Mining") zu gewinnen, ist untersagt.

© 2025 Kai Uwe Ralfs

Lektorat: Tanja Ralfs
Korrektorat: Tanja Ralfs

Verlag: BoD · Books on Demand GmbH, Überseering 33, 22297 Hamburg, bod@bod.de

Druck: Libri Plureos GmbH, Friedensallee 273, 22763 Hamburg

ISBN: 978-3-8192-1239-0

Inhaltsverzeichnis

Vorwort

Sportschießen – das klingt nach technischer Präzision, nach Konzentration auf höchstem Niveau, nach einem ruhigen Atemzug und dem perfekten Moment. Der Zeigefinger spannt sich, das Korn steht gestochen scharf, der Schuss bricht... und landet, entgegen allen Erwartungen, irgendwo zwischen sieben und acht, vielleicht sogar außerhalb der Scheibe. Was in der Theorie so elegant und berechenbar erscheint, entwickelt sich in der Praxis oft zur Bühne für eine andere, nicht minder faszinierende Disziplin: Die Kunst der Ausrede.

Wer den ersten Band in der Hand hatte, weiß längst: Zwischen Trefferbild und Treffsicherheit liegt manchmal ein ganzes Universum – und dieses Universum ist gefüllt mit Anekdoten, Ausflüchten, spontanen Erklärungen und gelegentlich auch mit echter Poesie der Verlegenheit. Was im ersten Buch als augenzwinkernde Hommage an den „menschlichen Faktor" begann, wird in diesem zweiten Teil weitergeführt – mit noch mehr Geschichten, noch mehr skurrilen Momenten und einem noch tieferen Blick in das Seelenleben von Sportschützen, wenn der Schuss daneben geht.

Denn machen wir uns nichts vor: Jeder Schütze, ob Neuling oder Routinier, hat schon einmal – und das ist sehr milde formuliert – danebengelegen. Und jeder hat in diesem Moment eine Entscheidung getroffen: ärgern oder erzählen. schweigen oder schmunzeln. Dieses Buch feiert Letzteres. Es ist eine Sammlung jener Momente, in denen nicht nur das Projektil sein Ziel verfehlte, sondern auch die Ernsthaftigkeit ein kleines Päuschen einlegte. Es ist der Versuch, dem sportlichen Scheitern mit Würde zu begegnen – und mit Humor.

In den Geschichten dieses Buches begegnen uns vertraute Figuren: Der nervöse Neuschütze, der seinen Diopter zum ersten Mal einstellt – falsch herum natürlich. Der Altmeister, der seinen Munitionswechsel für die Streuung verantwortlich macht. Der Schießsportleiter, der im Wettkampf plötzlich den falschen Anschlag wählt, weil die Stände vertauscht wurden. Und natürlich die Stammtischrunde, in der jedes Ausschießen zur epischen Erzählung wird – mit dramatischen Pausen, gezielten Blicken und dem sicheren Wissen: „Das war eigentlich eine Zehn."

Doch auch dieser zweite Band ist nicht einfach nur eine Fortsetzung – er ist eine Vertiefung. Die Anekdoten sind wilder, pointierter, manchmal fast philosophisch. Sie zeigen, wie viel Charakter, Eigenheit und Kreativität in einem Sport steckt, der nach außen so ruhig und kontrolliert erscheint. Sie zeigen, dass das, was auf dem Schießstand passiert, weit über das Schießen hinausgeht: Es ist Menschlichkeit im Mikrokosmos. Ein Spiegel unserer kleinen Unvollkommenheiten, die wir – wie alles auf dem Stand – mit ruhiger Hand und viel Selbstironie tragen sollten.

Natürlich gilt auch hier: Die Geschichten sind erfunden, überzeichnet, manchmal absichtlich absurd. Sollte sich dennoch jemand wiedererkennen – herzlichen Glückwunsch, das spricht nur für die Universalität mancher Erlebnisse. Und keine Sorge: Die Treffer im Herzen wiegen oft schwerer als die auf der Scheibe.

„Anekdoten und Ausreden für Sportschützen – Teil 2" ist damit nicht nur ein weiteres Buch für den Nachtschrank, die Schießsporttasche oder den Vereinsraum. Es ist ein Stück Kulturpflege. Es bewahrt das, was in keinem Trainingshandbuch steht, was in keiner Ringzahl auftaucht: Den Witz, den Charme und die wunderbare Fähigkeit, über sich selbst zu lachen – und das bitte mit voller Ringzahl.

In diesem Sinne:

Gut Schuss!

Und wenn er daneben geht – keine Sorge.

Die Ausrede steht diesmal garantiert

schon bereit.

Körper und Geist

oder: *Wenn der Puls schneller ist als der Schuss*

Schießen ist Kopfsache – sagen die einen. Die anderen sagen: „Ich habe schlecht geschlafen, zu viel gegessen, zu wenig gegessen, mein Rücken zwickt und der Wind war irgendwie psychologisch belastend." Fakt ist: Der Körper macht, was er will, und der Geist? Der fragt sich manchmal, ob er überhaupt dabei war. In diesem Kapitel schauen wir genauer hin: auf zitternde Knie, wandernde Gedanken und die Kunst, sich selbst beim Zielen zu sabotieren – und das alles ganz entspannt.

„Die Legende von Schuss 27"

Es war ein verregneter Dienstag, der sich wie ein Mittwoch anfühlte. Im Vereinsheim roch es nach Kaffee, Waffenöl und leichten Zweifeln. Horst wollte wie immer der Erste auf dem Stand sein, doch Gerda war schon beim dritten Durchgang, und ich... ich war in philosophischer Vorbereitungsstarre. Ich starrte in meine Gewehrtasche, als könnte sie mir eine Antwort geben, warum ich freiwillig einen Abend lang in einem stickigen Raum mit leuchtenden Scheiben und leicht gereizten Senioren verbringen wollte.

Denn heute war Schießtag. Und nicht irgendeiner. Heute würde Schuss 27 fallen. Und jeder in unserem Verein wusste: Schuss 27 ist ein Mythos. Ein Phantom. Ein Trick der Psyche, der selbst ruhige Hände in vibrierende Puddinglöffel verwandelte.

Niemand weiß genau, wie das angefangen hat. Manche sagen, es war ein schlechter Trainingsabend in den 90ern, andere glauben, es sei ein Fluch der digitalen Scheibenanlage. Einer behauptet sogar, ein ehemaliger Schütze habe beim 27. Schuss einen Heiratsantrag gemacht – und sie habe nein gesagt. Fest steht: Von zehn Auflageschützen, die mit 26 Schuss bei 260 Ringen standen, haben neun beim 27. plötzlich eine 8 geschossen. Oder schlimmer.

Das Warmwerden

„Locker bleiben!", rief Gerda, während sie mit ihrem kleinen Taschenventilator die Handflächen kühlte. „Schuss 27 ist wie ein Schwiegermutterbesuch. Wenn du ihn ignorierst, tut er weniger weh."

Horst dagegen hatte andere Tipps: „Du musst den 27. behandeln wie jeden anderen. Mit stoischer Gelassenheit. Oder Kaffee. Am besten beides." Er hatte einen Löffel dabei, mit dem er die perfekte Kaffeedosis abmaß – nicht fürs Brühen, sondern zum Riechen.

Ich schoss mich ein. 10,2. 10,4. 10,6. Ich war im Flow. Stand 4 – mein mittlerweile gezähmtes Biest – hielt, was er versprach. Mein Diopter war scharf, mein Abzug trocken, mein Stand stabil. Die ersten 10 Schuss waren butterweich. Ich fühlte mich wie ein Zen-Meister mit Handschuh.

In der Pause kam Klaus dazu, der „Stille Killer", wie wir ihn nannten, weil er nie sprach, aber immer gewann. Niemand wusste, woher er kam oder wohin er ging, aber wenn er auftauchte, wurde es leise.

„Schon bei Schuss 12?", fragte er. Ich nickte. Er sagte nichts weiter. Typisch Klaus. Wahrscheinlich sprach er nur mit Gewehren.

Das Unheil kündigt sich an

Bei Schuss 21 passierte es: Der erste Wackler. Eine 9,8. Kein Drama. Aber spürbar. Ich korrigierte. Atmete. Fokussierte. 10,5. 10,7. Dann kam er. Schuss 26. Ich zitterte leicht. Mein linkes Knie fühlte sich an wie Butter in der Sonne. Mein rechter Fuß begann, eine Art Morsecode zu klopfen.

10,3.

Es war so weit. Schuss 27.

Ich legte ab. Trank einen Schluck Kaffee.
Falsch – ich kippte ihn fast runter. Horst
trat an meine Seite. Sein Blick war ernst.
Fast väterlich.

„Du bist zu schnell. Gib ihm Respekt. Aber
nicht zu viel."

Gerda reichte mir einen Traubenzucker.
„Damit dein Gehirn merkt,
dass du noch lebst."

Ich stand wieder am Gewehr. Alles fühlte
sich normal an. Und doch... nicht. Ich
schwitzte plötzlich an Stellen, die nicht
schwitzen sollten. Der Diopter flimmerte.
Meine rechte Augenbraue begann zu zucken.

Der Schuss

Ich atmete. Ein. Aus. Ein. Halten.
Zielbild passt. Korn steht. Druckpunkt.

Klick.

Ich sah auf den Bildschirm.

9,4.

Ein leises Stöhnen ging durch den Raum.
Irgendwo fiel ein Keks zu Boden.
Klaus schüttelte nur den Kopf.

„Ich hab's gewusst", sagte Gerda.

„Du warst zu vorsichtig", meinte Horst.
„Zu viel denken."

Ich sackte innerlich zusammen. Mein Traum
vom perfekten Durchgang: geplatzt. Wegen
Schuss 27. Der Legende. Dem Fluch. Ich war
nicht der Auserwählte. Ich war nur ein weiteres Opfer.

Die Wende

Doch dann passierte etwas. Vielleicht war es Trotz. Vielleicht Restkoffein. Vielleicht hatte der Traubenzucker magische Eigenschaften. Aber ich schoss weiter. Und wie.

10,7. 10,8. Ich brannte ein Feuerwerk der Präzision ab. Der Stand wurde still. Sogar Klaus blieb stehen und sah zu. Gerda hatte Tränen in den Augen – ob vor Rührung oder wegen der Schmauchspuren in der Luft, war nicht ganz klar.

Bei Schuss 29 hatte ich 303,1 Ringe.

„Letzter Schuss!", rief der Schießleiter.

Ich atmete. Tief. Ruhig. Zielbild. Korn. Druckpunkt. Klick.

10,9.

Der Raum explodierte in Applaus. Ich hatte 314,0 Ringe. Trotz Schuss 27.
Vielleicht gerade wegen ihm.

Der neue Mythos

Seitdem sagt man im Verein: Wenn du Schuss 27 überstehst, kann dich nichts mehr stoppen. Der Mythos hat sich gewandelt – vom Fluch zur Feuerprobe. Schuss 27 ist jetzt eine Prüfung. Ein Charaktertest.

Horst hat angefangen, ihn zu feiern. Er brachte sogar ein kleines Schild mit: „Hier wurde Schuss 27 besiegt."
Es hängt jetzt über Stand 4.

Gerda backt jeden Dienstag Schuss-27-Kekse mit einem Loch in der Mitte. Sie behauptet, das Loch sei symbolisch.
Ich glaube, sie hat einfach eine neue Ausstechform.

Klaus hat mir tatsächlich zugenickt. Danach nicht mehr. Aber das eine Mal reicht für ein ganzes Schützenleben.

Und ich? Ich habe den Mythos besiegt. Aber ich nehme trotzdem einen Schluck Kaffee davor. Sicher ist sicher.

„Ich hatte Muskelkater vom Fernsehgucken."

Eine ehrliche Ausrede aus dem Leben eines ambitionierten Sofaschützen.
Es war der Abend vor dem Training. Ich hatte mir fest vorgenommen,
zur Abwechslung mal *nicht* die Waffe zu polieren oder meine Munition farblich zu sortieren.
Stattdessen: Regeneration!
Ein bisschen mentale Vorbereitung in Form von Sportdokumentationen...
also gut, es wurde dann doch Netflix.
Dort lief gerade die neue Serie **„Zielen & Zittern – Schützen unter Druck"**
(okay, es war *Haus des Geldes*,
aber die Masken erinnerten mich irgendwie an DSB-Schießjacken).

Ich machte es mir also gemütlich. Perfekte Haltung: Rücken durchgedrückt, Kopf geneigt – Fernbedienung in der Hand wie ein Luftgewehr. Ich wechselte in den Anschlag: *Linke Hand auf Chipsschüssel, rechte auf die Pausetaste.* Serienmarathon. Konzentration. Disziplin.

Nach etwa sechs Folgen begann mein rechter Oberarm zu brennen – wahrscheinlich durch das dauerhafte Halten der Fernbedienung.
Ich dachte: *Super, Muskelaufbau!*, aber dann ging's richtig los:

- Der Nacken fühlte sich an, als hätte ich stundenlang durch einen Diopter geglotzt.
- Der Rücken krümmte sich wie bei einer schlechten Anschlagskontrolle.
- Mein rechtes Bein war eingeschlafen und kommunizierte nur noch in Morsezeichen.

Am nächsten Morgen sollte ich zum Training. Ich stand auf (na ja, versuchte es) – da traf mich der Muskelkater wie ein schlechter Zehner auf der Fünf. Ich sah aus wie ein Schütze in Zeitlupe beim Stehendanschlag, der, von einem Scharfschützen-Schüler beobachtet wird.
Mein Trainer fragte:
„Was ist los? Krankheit? Rücken? Stress?"
Ich sagte mit ernster Miene:
„Ich habe Muskelkater vom Fernsehgucken."

Er lachte. Ich nicht.
Ich erklärte ihm die Belastung eines echten Serienmarathons: Fokus halten, Fernbedienung justieren, Snacks greifen, Sitzhaltung korrigieren – das ist fast wie ein Finale.
Nur ohne Scheibe.
Er verstand. Schließlich hatte er sich mal bei einer Sportschau den Hals verrenkt – nur vom Zuschauen.

Fazit:
Manchmal reicht eben schon **geistiger Schießsport**, um den Körper auszulasten.
Und falls du mal nicht ins Training kannst:
Diese Ausrede ist erprobt und DSB-kompatibel.

🎯 Trainingsplan für Fernsehschützen

(Zertifiziert von der DSB – *Deutschen Sofaschützenbund*)

Übung	Beschreibung	Wiederho-lungen
Fernbedie-nungs-Curls	Hebe und senke die Fern-bedienung rhythmisch. Achte auf präzise Zielausrichtung.	3 Staffeln pro Arm
Snack-Zug beidhändig	Koordinierte Bewegungen Richtung Chips, Popcorn oder Schokolade.	Bis zur Tüten-entleerung
Pausentaste-Reaktionstraining	Schnellzugriff bei Cliffhan-gern – Reaktion unter 0,5 Sek. ist das Ziel!	Je nach Se-rientempo
Kissen-Sitzhal-tungswechsel	Alle 2 Folgen in eine neue Position rollen (rechts, links, diagonal).	Mind. 5 Variationen
Nacken-Deh-nung „Zielblick"	Seitliches Neigen des Kopfs zum Bildschirm, besonders bei Untertiteln.	Bis der Na-cken knackt
Augen-Tracking	Von Untertitel zur Action-szene – trainiert Präzision und Augenmuskulatur.	Pro Dialog-satz
Mentales An-schlagsbild-Visua-lisieren	Während Vorspann: Stell dir vor, du triffst die 10.9 auf dem Sofa.	1x je Serien-start
Couch-Sitzhal-tung stabilisieren	Rutsch nicht ab. Bleib ruhig – wie im echten Stehendan-schlag.	Dauer: mindestens 3 Folgen

Übung	Beschreibung	Wiederho-lungen
Stretching „der Buffer-Kreis"	Wenn der Stream lädt: nutze die Gelegenheit für kontrollierte Dehnübungen.	Nach WLAN-Qualität variabel

Profi-Tipp:

Lade deine Snacks und die Fernbedienung **vorher** – das Nachladen während der Folge zählt nicht als Offene Klasse, sondern als taktischer Fehler!

Bonusübung für Fortgeschrittene:
WLAN-Ausfall-Simulation:

5 Minuten schwarzer Bildschirm. Halte still. Keine Panik.

Nicht weinen.

Trainiert mentale Stärke für Wettkampfsituationen bei Lichtausfall!

„Mein Schießauge hatte heute Urlaub."

Es war ein sonniger Samstagmorgen, der Kaffee schmeckte nach Motivation und das Brötchen nach purem Siegeswillen. Heute, dachte ich, *heute schieße ich die 300.*
Ich hatte gut geschlafen, die Waffe war frisch geputzt, und selbst meine Schießjacke spannte nur noch dezent im Bereich der tiefgefrorenen Weihnachtsplätzchen.
Doch kaum betrat ich den Stand, wusste ich: *Irgendwas ist anders heute.*
Beim Einrichten des Stativs rutschte mir die Blende aus der Hand, fiel nicht etwa auf den Boden, sondern – eine seltene physikalische Glanzleistung – direkt in meinen Schießschuh. Während ich es mit einem gezielten Hüpfer wieder herausbefreite, fragte mein Standnachbar lakonisch:
„Warm-up oder neuer Tanzstil?"
Ich winkte gelassen ab.
Alles unter Kontrolle.

Doch kaum stand ich im Anschlag, kam die Erkenntnis: Mein rechtes Auge – mein sonst so verlässliches Präzisionsorgan – meldete sich nicht zum Dienst.

Statt der gewohnten schwarzen Zehn sah ich... nun ja... einen verschwommenen Smiley mit Durchfall.

Ich blinzelte, ich rieb, ich betete. Nichts.

Da fiel mir ein: *Das muss das sogenannte "Augen-Homeoffice" sein!*

Ich informierte meinen linken Daumen, der wiederum die Nase anwies, das rechte Auge mit einem kräftigen Nasenrümpfer zur Ordnung zu rufen. Keine Reaktion. Offenbar hatte sich das Auge ein Sabbatical genommen. Vielleicht in der Karibik.

Oder auf einem Wellness-Trip mit der Sehstärke. Natürlich hatte ich keine Wahl – ich musste improvisieren.

Ich wechselte auf das linke Auge. Links? Links hatte in seiner Laufbahn bisher lediglich Fernbedienungen identifiziert und höchstens beim Lesen der Waschzettel im Trockner geglänzt.

Doch heute sollte es den Helden geben.

Der erste Schuss: **eine 6 auf 4 Uhr** – eindeutig ein Zeichen dafür, dass ich in einer anderen Zeitzone schoss.

Der zweite Schuss: **eine 3**, aber immerhin mittig. Mein Standnachbar begann bereits, mit dem Taschenrechner die Wahrscheinlichkeit auszurechnen, dass ich überhaupt auf die Scheibe zielte.

Nach dem zehnten Schuss – unter anderem auf eine Wespe, den Lüftungsschacht und vermutlich den Blendenrahmen – beendete ich das Debakel. Ich schob es galant auf *"eine temporäre Retinaverwirrung aufgrund photometrischer Dysbalancen"*, was in Laienkreisen als *„Mein Schießauge hatte heute Urlaub"* durchgeht.
Am Ende des Tages hatte ich zwar keinen Blumentopf gewonnen, aber dafür einen neuen Spitznamen: **"Der Blinde mit dem ruhigen Puls"**.
Und hey – *auch ein Urlaub muss mal sein.*
Nur das nächste Mal bitte mit Urlaubsantrag und rechtzeitiger Vertretung.

„Ich hatte mental das falsche Kaliber im Kopf."

Es war einer dieser Sonntage, an denen man sich fragt, ob das Frühstücksei zu weich war oder der Schütze einfach zu hart. Jedenfalls stand ich auf dem Stand, das Luftgewehr sicher geschultert, bereit für den großen Vergleichsschießen unseres Vereins – mit einer inneren Ruhe, wie sie nur Zen-Mönche oder Leute mit leichtem Sonnenstich kennen.
Schon beim ersten Schuss spürte ich: Heute wird's grandios. Der Schuss brach sauber, das Geräusch war satt, fast wie ein .308er... Moment. .308? Ich hielt inne. Ich schoss doch mit dem Luftgewehr, Kaliber 4,5 mm – nicht mit Großkaliber aus dem Waffenschrank von Rambo.
Aber der Gedanke war da. Und er blieb.

Mit jedem Schuss stellte ich mir vor, wie das Projektil mit 800 Metern pro Sekunde ins Ziel pfiff, Scheibe durchbohrte, Rückstoß mich beinahe vom Stand pustete – obwohl es in Wahrheit ein laues *Plopp* war, das kaum ein Streichholz hätte umwerfen können.

Der Schießleiter fragte, warum ich so verschmitzt grinste. Ich sagte nur: „Ich hatte mental das falsche Kaliber im Kopf." Er lachte. Erst später bemerkte ich, dass ich statt Zehnern eine Gruppierung hatte, die aussah wie die Streuung eines Schrotflints auf 100 Meter – obwohl ich nur 10 Meter schoss.

Beim Auswerten fragte der Kampfrichter freundlich, ob ich eine neue Streukreisform erfinde. Ich meinte trocken: „Ich schieße heute nach NATO-Muster – großflächige Deckung statt Präzision."

Später beim Vereinsabend erzählte ich dann in epischer Breite von meinem inneren Kaliberwechsel, inklusive imaginärem Rückstoß, taktischer Tarnfarbe und Munitionskisten, die ich in Gedanken nachlud. Der Wirt gab mir ein Bier „auf das Kaliber deines Geistes". Ich sagte danke – und hoffte, dass mein Kopf bis zum nächsten Wettkampf wieder auf 4,5 mm geeicht ist.

„Ich bin heute auf der falschen Seite vom Schaft aufgestanden."

Man sagt, der Tag beginnt, wie man aufsteht. In meinem Fall: links. Und das ist tragisch, denn ich bin Rechtsschütze. Das hätte mir spätestens auffallen müssen, als ich versuchte, mit der linken Hand den Wecker zu treffen, ihn aber stattdessen liebevoll streichelte – und er vor Freude noch zehn Minuten länger piepte.

Der Weg zur Kaffeemaschine war von Hindernissen gesäumt: Offene Schranktüren, herumliegende Schießstiefel und eine Katze, die mich ansah, als hätte sie die 10 gestern besser getroffen als ich. Ich schwöre, sie hat verächtlich geschnurrt, als ich mir die Socke falsch herum überzog.

Während ich den Kaffee aufsetzte, suchte ich gedanklich schon meinen Schießstandausweis, meine Gehörschützer und die Adresse des heutigen Wettkampfs. Leider fand ich nur die Erkenntnis, dass der Kaffeefilter schon benutzte war. Vielleicht lag auch darin das Aroma des Tages: leicht bitter, mit einer Note von Versagen.

Am Vereinsheim angekommen, begrüßte mich Horst, unser chronisch übermotivierter 1. Vorsitzender.
"Na, ausgeschlafen?" fragte er strahlend.
"Ich bin auf der falschen Seite des Schafts aufgestanden," murmelte ich, während ich mein Gewehr aus dem Futteral nahm, das – Überraschung – nicht meins war.
Horst nickte verständnisvoll. „Ach, du schießt heute linksrum? Mutig."

Ich überlegte kurz, einfach wieder zu gehen. Leider hatte ich mein Fluchtfahrzeug daheim vergessen. Es stand noch auf dem Parkplatz, weil ich heute mit dem Auto meines Schwagers gekommen war. Der wiederum saß am anderen Ende des Vereinsheimes und lobte die Wetterlage.
"Windstill – ideale Bedingungen!"
Ich spürte einen leichten Luftzug in meiner Seele.

Am Stand war alles vorbereitet – nur nicht von mir. Die Schießmatte war noch warm, weil vorher jemand mit echtem Talent darauf geschossen hatte. Ich sah die Probeschüsse und dachte mir: Ach schön, so sieht das also aus, wenn man trifft.

Dann legte ich an. Zumindest versuchte ich es. Das Gewehr fühlte sich an wie ein Fremdkörper. Der Schaft drückte in die Wange wie ein schlecht gelaunter Zahnarzt. Der Abzug – gefühlt auf der falschen Seite des Universums. Und der Diopter... war nicht da. Ich hatte den Diopter vergessen. Natürlich.

Improvisation ist die hohe Kunst des überforderten Schützen. Ich baute meinen Augenabstand neu aus, zwinkerte durch eine aufgeklappte Kartonschachtel und hoffte auf göttliche Führung – oder wenigstens eine Acht.
Der erste Schuss ging raus. Er traf. Irgendwo. Ich glaube, in einem anderen Landkreis.
Der zweite Schuss war besser. Nur um danach vom dritten negiert zu werden.
Bei Schuss fünf wusste ich: Heute schieße ich nicht gegen meine Gegner. Heute kämpfe ich gegen die Realität.

Nach Serie eins sagte ich zum Kampfrichter:
"Ich glaube, mein Gewehr will heute nicht."
Er antwortete trocken:
„Dann rede mit ihm. Andere führen auch Beziehungen mit weniger Kommunikation."

Serie zwei war... kreativ. Ich traf neue Ringe, die vorher auf keiner Scheibe karto-grafiert waren. Ich erfand die Ringzahl 4.9 links außen, leicht beleidigt. Die Trefferlage erinnerte an das Gemälde eines expressio-nistischen Künstlers mit Tremor.

In der letzten Serie nahm ich mir vor, ein-fach zu genießen. Ich atmete durch, ließ los – innerlich wie äußerlich. Der letzte Schuss ging gut raus. Ich weiß das, weil Horst klatschte. Dann sagte er:
"Für einen Linksschützen echt beacht-lich."
Ich nickte.
"Ich bin Rechtsschütze."
Er schwieg. Manchmal sagt Schweigen mehr als ein ganzes Ergebnisprotokoll.

Beim Abbauen fiel mein Gewehr aus der Hand. Ich fing es mit dem Fuß auf – Reflexe wie eine Katze auf Kaffee. Der Tag war vorbei, meine Würde lag irgendwo zwischen Scheibe 3 und dem Bleistift des Kampfrichters.

Zuhause angekommen, stellte ich mich vor den Spiegel, sah mich an und sagte:
"Du hast heute alles gegeben. Leider davon das Falsche."

„Ich war gedanklich noch beim Kaffee."

Es war 9:00 Uhr morgens. Zu früh für Präzision, zu spät für Ausreden – außer natürlich, man war Schütze. Und ich war nicht nur Schütze, ich war *Meister der plausiblen Erklärung*. Heute: Vereinsmeisterschaft. Disziplin: Luftgewehr. Stimmung: Koffeinmangel.
Ich stand am Stand 4, das Gewehr lässig im Anschlag, der Blick konzentriert – auf den letzten Schluck Filterkaffee, den ich in der Thermoskanne zurückgelassen hatte.
Während mein Nebenmann mit stoischer Ruhe Zehner um Zehner schoss, begann bei mir der innere Monolog.

„Was, wenn der Kaffee jetzt kalt ist? Hätte ich doch die Tasse mitgenommen. Gibt es eigentlich Kaffeebecherhalter für Gewehrschützen?"
Peng. Der erste Schuss. Sieben Uhr. Aber nicht der Ring – die Uhrzeit, auf der Scheibe. Also unten links. Der Kampfrichter machte sich eine Notiz. Ich auch – *Thermoskanne nächstes Mal mitnehmen.*
Der zweite Schuss war besser. Eine Acht. Die lag immerhin **auf der Scheibe.**
Ein Fortschritt. Ich stellte mir vor, wie ich mit der dampfenden Kaffeetasse in der einen und dem Luftgewehr in der anderen Hand einhändig die Zehn treffen würde. Eine Szene für Instagram. Hashtag #CaffeinatedShooter.

Doch beim dritten Schuss passierte es. Ich hörte ein leises *„Pling"*. Irgendwo in der Halle tropfte es von der Decke. Mein Hirn, immer noch auf Koffeinmodus, interpretierte es als den Sound eines frischen Espresso-Shots. Ich atmete tief ein, seufzte verträumt – und traf die Vier.

Die Standaufsicht kam zu mir.
„Alles okay bei Dir?"
Ich nickte.
„Ich war... äh... gedanklich
noch beim Kaffee."
Er schüttelte den Kopf.
„Dann schieß beim nächsten Mal doch
einfach mit dem Becher in der Hand.
Vielleicht triffst Du dann wenigstens die
Acht."
Und so wurde ich an diesem Tag Letzter –
aber mit Stil. Denn was ist schon ein Wett-
kampf gegen das Verlangen nach Kaffee?

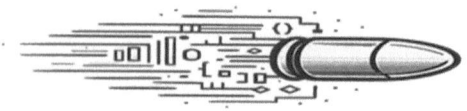

„Der Schießsportleiter hat mich komisch angeschaut."

Die Anspannung vor dem Wettkampf im Schützenverein "Eichenlaub" war groß, aber Dieter war abgelenkt.
Nach einem schwachen Ergebnis klagte er: "Die Standaufsicht…
er hat mich komisch angeschaut."
Der Vorsitzende zeigte sich neugierig, worauf Dieter erklärte, der Blick habe Zweifel gesät und seine Balance gestört. "Es war ein Blick, der mir das Gefühl gab, nicht willkommen zu sein!" sagte er.
Dieter glaubte, der Blick habe seine Konzentration während der gesamten Serie beeinträchtigt. Er sei von dem Gedanken verfolgt worden, was die Standaufsicht von ihm halte.

Während einige Schützen ihr Lachen unterdrückten, versicherte der Vorsitzende, dass keine bösen
Absichten dahintersteckten.
Doch Dieter bestand auf einem psychologischen Angriff und subtiler Sabotage.
Er schwor, die Standaufsicht zur Rede zu stellen und seine Würdigkeit als Schütze zu beweisen. Dann ging er, während die anderen teils amüsiert, teils verwirrt zurückblieben.

„Ich habe die Atmung verwechselt mit Yoga."

Es war einer dieser Vormittage, an denen sich selbst mein Kaffee geweigert hätte, wach zu werden. Der Wecker klingelte um 6:30 Uhr – viel zu früh für einen Samstag, aber Pflicht ist Pflicht, und der Vereinswettkampf rückte näher. Also rein in den Schießanzug, der sich anfühlt, als hätte ihn ein Orthopäde für Roboter entworfen, und ab zur Halle.

Unser Trainer – nennen wir ihn liebevoll *Scharfschütze Schulte* – erwartete uns wie immer mit einem Blick, der wahlweise motivieren oder die Lunge aus dem Leib brüllen konnte. Seine Begrüßung:

„Atmung ist heute Thema. Wer's nicht kann, schießt wie ein Dreijähriger mit Zuckerflash."

Ich nickte eifrig, immerhin war ich vorbereitet. Also... dachte ich. Was niemand
wusste: Am Vorabend hatte ich auf YouTube
„Atmung beim Sportschießen" gesucht. Aber
wie das bei YouTube so ist – ein Klick hier,
ein interessantes Vorschaubild da – und
zack, war ich bei einem Kanal namens **„Deep
Spirit Flow – Yoga für die Seele"** gelandet.
Dort erklärte mir ein barfüßiger Guru mit
Dutt und Leinenhose die uralte Kunst der
Feueratmung. Zitat: *„Spüre, wie du dich von
innen heraus erweiterst. Die Energie fließt,
der Geist ruht, der Körper wird eins mit
dem Universum."* Ich dachte mir: *Klingt nach
Zehnerschuss.*
Am nächsten Morgen stand ich also auf
Position fünf. Luftgewehr im Anschlag, Puls
auf 180 – aber nicht vor Aufregung, sondern
weil ich mich bereits in den Meditationsmo-
dus begeben hatte.

Ich schloss die Augen (ja, wirklich), atmete tief durch die Nase ein, stieß die Luft ruckartig durch die Lippen aus – *HAHHH!* – und wiederholte das Ganze in kurzen Abständen. Dann kam der Moment: Schultern nach hinten, Brust raus, Bauch rein – der ganze Körper vibrierte vor Energie.
In dem Moment sah mein Nachbarschütze irritiert rüber. „Machst du gerade... Tai-Chi?", flüsterte er. Ich ignorierte ihn. Ich war fokussiert. Ich war geerdet. Ich war...
komplett daneben.
Der Schuss brach – zum Glück auf meiner eigenen Scheibe – aber er landete irgendwo zwischen dem 6er Ring und dem Gedanken, den Sport zu wechseln.
Scharfschütze Schulte stürmte heran.
Sein Gesicht: eine Mischung aus Schock, Enttäuschung und dem Wunsch, in Rente zu gehen.
„Was zum Henker war das, Hempel?!"
Ich, völlig ruhig, mit einer Stimme wie aus dem Wellness-Tempel:
„Ich habe die Atmung verwechselt... mit Yoga."

Es folgte ein Monolog, der selbst bei der Bundeswehr als unangemessen laut gegolten hätte. Worte wie *Zwerchfellterror, Chakra-Schrott, Om statt Boom* fielen. Ich weiß nicht mehr alles – ich hatte innerlich schon wieder in den Lotussitz gewechselt.

Seitdem heiße ich im Verein **„Der Zen-Schütze"**. Ich darf bei keinem offiziellen Wettkampf mehr ohne ärztliche Bescheinigung starten, dass ich *nicht* meditiere. Und meine Schießjacke wurde um ein Schild ergänzt:

„Bitte nicht stören – in Atemtrance."

Merksatz des Tages:
Wer beim Zielen das Chakra öffnet, trifft alles – nur nicht die Zehn.

„Ich war geistig bei der Bundesliga."

Es war ein Sonntag, wie er im Buche steht: nass, grau und mit einer allgemeinen Motivationslage irgendwo zwischen Zahnarzttermin und Steuererklärung. Der perfekte Tag also, um zur Vereinsmeisterschaft zu erscheinen und sich mental an den Rand des Nervenzusammenbruchs zu balancieren.

Ich hatte schon beim Frühstück geahnt, dass heute etwas nicht stimmte. Die Marmelade war leer, der Kaffee zu dünn und mein Schießrucksack fühlte sich verdächtig leicht an – was sich später als vergessene Schießbrille herausstellen sollte. Aber hey, wozu hat man schließlich Augenlider, wenn nicht zum Scharfstellen?

Im Vereinsheim herrschte bereits das übliche kontrollierte Chaos. Irgendwer hatte seine Munition vergessen, ein anderer fluchte über seine Luftdruckkartusche („Die war doch gestern noch voll!"), und die Protokollführerin verteilte Startkarten mit der Präzision eines Generals auf dem Kriegsschauplatz.

Ich betrat die Schießhalle mit der Würde eines Gladiators, der weiß, dass sein Schwert aus Styropor ist. Meine Startzeit war 11:00 Uhr – direkt zur Halbzeitpause. Kein gutes Omen.

Der erste Schuss war noch in Ordnung: eine 9.6, leicht rechts. Ich nickte zufrieden. Doch dann vibrierte es in meiner Hosentasche. Das Handy. Natürlich hatte ich die Bundesliga-App angelassen. Und dort – als Push-Nachricht in riesigen Lettern:

„Bayern – Dortmund 0:1 (23.) Hummels per Kopf!"

Ich weiß nicht, ob es der Jubel in meinem Kopf war oder das schulterzuckende Geräusch meines letzten Konzentrationsrestes, aber der zweite Schuss landete irgendwo bei einer 7, die nicht mal den Anstand hatte, mittig auf der Scheibe zu liegen.
Ich versuchte, mich zusammenzureißen. Tief einatmen. Ausatmen. Anvisieren. Drücken. Doch mein inneres Auge sah keine Zielscheibe mehr, sondern Thomas Müller, wie er sich über ein vermeintliches Abseitstor beschwert.

Der Schießleiter kam vorbei, klopfte mir kumpelhaft auf die Schulter.
„Na, wie läuft's?"
Ich drehte mich um, Schweißperlen auf der Stirn, und hauchte nur:
„Ich bin... geistig bei der Bundesliga."
Er lachte. Ich nicht.
Irgendwann war ich bei Schuss 20 angekommen. Ich hatte eine Serie hingelegt, die irgendwo zwischen Glücksspiel und abstrakter Kunst schwankte. Mein Streukreis glich einem Mosaik – hätte ich ein Zielbild eingereicht, wäre es vermutlich in einer Kunstausstellung gelandet. Titel: *Verwirrung in Blei.*
Hinter mir diskutierten zwei ältere Vereinskameraden, ob Schalke überhaupt noch zu retten sei, während einer mit einem Taschenradio (!) heimlich die Konferenz hörte. Jeder Schuss wurde begleitet von einem leisen „Toooor in Leverkusen!" – und einer inneren Wette, wie sehr mich das jetzt wieder rausbringen würde.

Als ich mit dem letzten Schuss fertig war
– eine demütige 8.0 knapp neben dem Zentrum –, legte ich das Gewehr ab wie einen alten Freund, den man aus Versehen mehrfach
im Stich gelassen hatte. Ich trat vom
Stand, atmete tief durch und begegnete
den Blicken meiner Mannschaft.
„361?" fragte einer vorsichtig.
„War das Absicht?"
Ich zog die Augenbraue hoch und sagte mit
der Seriosität eines Nachrichtensprechers:
„Ich war geistig bei der Bundesliga."
Und es stimmte. Während mein Körper
schoss, rannte mein Geist über den grünen
Rasen, hörte Fangesänge, analysierte Takti-
ken und ärgerte sich über einen verschosse-
nen Elfmeter.
Was ich gelernt habe? Konzentration ist
wie ein Elfmeter – wenn du zu viel darüber
nachdenkst, geht er garantiert daneben.
Und man sollte nie unterschätzen, wie ge-
fährlich Push-Nachrichten sein können.

Epilog:

Seitdem habe ich ein neues Ritual. Vor jedem Wettkampf wird das Handy ausgeschaltet, die Bundesliga-App deinstalliert und mein Gehirn auf „Zielscheibe" eingestellt. Zumindest bis zur nächsten Konferenzschaltung. Denn mal ehrlich: 10er sind schön – aber *Live-Tore in der 94. Minute?* Die sind einfach unvergesslich.

„Mein Zeigefinger hatte Ladehemmung."

Es war der alles entscheidende Durchgang bei der Kreismeisterschaft. Ich stand da, wie ein Fels in der Brandung – nur eben einer mit schwitzigen Händen, einem zu engen Schießschuh und der Anmut eines nervösen Erdmännchens. Die letzten zehn Schuss sollten zeigen, ob ich der König der Zehner oder nur der Fürst der Fünfer bin.

Doch dann geschah es. Ich hob mein Luftgewehr, atmete tief durch – zweimal, sicher ist sicher – zielte konzentriert... und dann? Nichts. Der Zeigefinger, sonst mein treuester Gefährte in der Not, verweigerte den Dienst. Er zitterte nicht, er spannte sich nicht. Er lag einfach da – nutzlos, wie ein veganer Grill auf einem Schützenfest.

Ich redete auf ihn ein: "Komm schon, alter Freund. Noch zehn saubere Abdrücke, dann gibt's ein Bier und ein belegtes Brötchen mit allem!" Keine Reaktion. Nur ein leichtes Zucken, das man eher als Gähnen interpretieren konnte.

Mein Nachbarschütze, Heinz-Dieter, warf mir einen Blick zu, der irgendwo zwischen Mitleid und Belustigung pendelte. „Ladehemmung?", flüsterte er grinsend. Ich nickte resigniert. Doch nicht am Gewehr – nein, viel schlimmer: am Finger! Das ultimative Versagen der schießsportlichen Evolution.

Der Wettkampfleiter beobachtete mich schon misstrauisch. Vielleicht dachte er, ich plane einen artistischen Trickschuss. Oder einen mentalen Zusammenbruch. Oder beides. Mein Blick schweifte durch die Halle. Ringsum konzentrierte Gesichter, mechanisch arbeitende Finger, Schüsse im Takt eines gut geölten Metronoms. Nur ich stand da wie eine Denkpause in Menschengestalt.

Ich versuchte alles: Atemübungen, autogenes Training, ein inneres Gespräch mit meinem Finger. „Du und ich, wir haben so viele Zehner geschossen. Erinnerst du dich an die Vereinsmeisterschaft letztes Jahr? Du warst ein Tier! Ein präziser Panther mit Adlersicht!" Doch mein Finger? Starr. Ausdruckslos. Vermutlich beleidigt, weil ich ihn gestern beim Fensterputzen überstrapaziert hatte.

Nach einer gefühlten Ewigkeit – und mehreren inneren Motivationsreden, die sogar ein mittelmäßiger Fitnesscoach peinlich gefunden hätte – zuckte der Zeigefinger endlich. Langsam. Bedächtig. Wie ein Rentner auf Glatteis. Der Schuss brach… und landete als glorreiche 6.4 auf der Scheibe. Jubel? Nein.

Aber immerhin war der Bann gebrochen.

Danach ging es besser. Nicht gut, aber besser. Eine 8.9 hier, eine 9.2 dort – immerhin war ich wieder im Spiel. Der Finger schien sich zu erinnern, dass er Teil eines Teams war. Vielleicht hatte er sich einfach nur vernachlässigt gefühlt. Oder brauchte eine Pause vom Leistungssport. Kann ich verstehen. Wer will schon ständig unter Druck stehen und gleichzeitig millimetergenaue Arbeit leisten? Vielleicht sollte ich ihm auch mal einen Wellness-Tag gönnen. Mit warmem Wasser, Massageöl und entspannter Klaviermusik.

Ich beendete das Schießen mit der Würde eines Mannes, der weiß: Der Körper mag versagen, aber der Wille zur Ausrede lebt ewig. Und so erklärte ich später beim Auswerten: „Technisch gesehen war ich top. Aber mein Zeigefinger hatte Ladehemmung." Gelächter. Schulterklopfen. Ein belegtes Brötchen mit allem. Und das Bier sowieso. Heinz-Dieter spendierte sogar noch ein zweites, mit dem Kommentar: „Für deinen Finger – damit er sich schneller erholt." Seitdem nenne ich ihn ehrfurchtsvoll nur noch *Der Schüchterne Zeiger*. Und jedes Mal, wenn ich zur Waffe greife, frage ich leise: „Bist du heute dabei?" Er antwortet nicht. Aber manchmal – ganz manchmal – spüre ich ein kleines, mutiges Zucken.

„Ich hatte noch Nachwirkungen vom letzten Vereinsabend."

Es war ein Sonntagmorgen wie aus dem Bilderbuch: Die Sonne schien, die Vögel zwitscherten, und mein Wecker warf mich gnadenlos aus dem Bett. Heute war Wettkampftag. Landesmeisterschaft. Wichtig. Pflicht. Und ich... hatte noch Nachwirkungen vom letzten Vereinsabend.
Jetzt werden Außenstehende denken: *"Was soll schon groß bei so einem Vereinsabend passieren? Ein paar Bierchen, ein bisschen Fachsimpeln über Diopter und Druckluft, vielleicht ein Schützenlied oder zwei?"*
Haha. Nein.
Der Abend begann harmlos. Ein Bier, ein Wurstbrot, eine Runde "Wer kennt den Unterschied zwischen 10,9 und 10,8 wirklich?".

Doch dann kam Horst. Horst ist unser Ehrenoberschützenbrudermeisterehrenvorsitzender – und das seit 1973. Horst brachte Schnaps mit. Selbstgebrannten. Aus Zwetschgen, von einem Bauern aus einem obskuren Dorf mit weniger Einwohnern als ein Schießstand Ringe hat.

Irgendwann – es könnte 23 Uhr gewesen sein oder auch Dienstag – war ich plötzlich Mitglied einer spontan gegründeten Blaskapelle namens *"Die Kalibermusikanten"*, bewaffnet mit einem Tenorhorn, das ich bis heute nie zuvor gesehen hatte.

Als ich am nächsten Morgen mit einem Verband am Ellbogen, Glitzer im Bart und einem Polaroid von mir in einer Schützenkönigsschärpe aufwachte, war klar: *Das wird kein normaler Wettkampftag.*

Am Stand angekommen, roch alles nach Schwarzpulver, Bratwurst und Schweiß – eine Kombination, die normalerweise motiviert. Doch mein Gleichgewichtssinn war noch im 6/8-Takt der Blaskapelle unterwegs, meine Augen versuchten vergeblich, Diopter und Zielscheibe in Einklang zu bringen, und mein Magen spielte „Russisches Roulette" mit jeder Bewegung.

Der erste Schuss: eine saftige 7. Der zweite: eine 6 – knapp vorbei an der Scheibe. Und der dritte? Nun, sagen wir, die elektronische Trefferanzeige meldete **"bitte Gerät neu kalibrieren"**.
Als der Kampfrichter mich fragte, ob mit meinem Gewehr alles in Ordnung sei, antwortete ich ehrlich:
"Das Gewehr ja. Ich… eher nicht."
Am Ende des Tages landete ich auf Platz 47 von 46, weil einer disqualifiziert wurde, nachdem er während des Stehendschießens eingeschlafen ist – angeblich auch wegen "Nachwirkungen".
Seither ist der Vereinsabend vor dem Wettkampf gestrichen. Stattdessen gibt's jetzt Kamillentee, Trockentraining und eine Anti-Horst-Vereinbarung. Und ich? Ich wurde zum Ehrenmitglied der Kalibermusikanten ernannt. Ohne Tenorhorn. Dafür mit Helm.

„Mein Fokus lag heute auf dem Kuchenbuffet."

Es war Vereinsmeisterschaft, und die Anspannung in der Halle war greifbar. Alle Augen auf die Zehn – außer meinen.

Denn meine Augen, mein Herz und meine innere Stimme waren längst woanders: beim Kuchenbuffet im Aufenthaltsraum.

Schon beim Eintreffen hatte ich es gesehen: Schwarzwälder Kirsch, Bienenstich, Donauwelle. Der heilige Dreiklang der Vereinsbäckerinnen. Und ich? Ich stand dummerweise noch mit dem Gewehr in der Hand, statt mit der Kuchengabel.

Ich atmete ein, zielte, dachte an Sahne. Atmete aus, löste aus... und dachte an die Kalorien – aber andersrum.

Das Ergebnis? Eine Streuung wie ein Brotkorb. Aber was soll's: Auf dem Schießstand habe ich heute nicht gewonnen.

Am Buffet schon.

„Ich war heute im „kreativen Streu-schuss"-Modus."

Es gibt Tage, da trifft man einfach *alles* – nur nicht die Zehn. Heute war so ein Tag.
Ich nenne es meinen **kreativen Streu-Schuss-Modus.** Andere würden es als Kontrollverlust bezeichnen, ich als künstlerische Freiheit mit dem Luftgewehr.
Schon beim ersten Schuss war mir klar: Das wird heute ein *besonderes* Ergebnis. Statt im Zentrum der Scheibe landete mein Diabolo irgendwo in der Nähe von Schleswig.
Ich bin mir ziemlich sicher, der Scheibenhalter hat kurz gezuckt und sich gefragt, ob ich versehentlich auf *sein* Ohr gezielt habe.
Nach dem dritten Schuss hatte ich die Ringzahlen 3, 6 und eine sehr optimistische 7 getroffen – quer über die Scheibe verteilt wie eine moderne Punktillismus-Installation.

Ein vorbeilaufender Anfänger fragte ehrfürchtig: „Ist das so eine neue Technik zum
Einschießen?" Ich nickte weise. „Das ist der
Picasso-Stil. Chaos mit Absicht."
Als dann auch noch mein Sportleiter neugierig hinter mir stand und sich das Ergeb-
nis ansah, meinte er trocken: „Ah, du trai-
nierst heute den Notfall-Modus – wenn alle
Diabolos auf einmal aus dem Lauf hüpfen."
Ich erklärte ihm, ich wolle zeigen, *wo* man
besser **nicht** hinschießt. Man müsse ja auch
mal antizyklisch trainieren.
In einem Akt völliger Überheblichkeit
versuchte ich es sogar mit einem mentalen
Trick: Ich redete meiner Scheibe gut zu,
versuchte, sie mit positiven Vibes zu beein-
flussen. Ergebnis:
Ein glatter Zwei-Ring.
Offenbar war die Scheibe heute auch im
Streu-Modus.

Am Ende landete ich mit einem Serienwert, der mathematisch nur mit der Fibonacci-Reihe zu erklären ist. Mein Teamkollege sagte bewundernd: „Deine Gruppe sieht aus wie die Umlaufbahn eines betrunkenen Satelliten." Ich bedankte mich höflich und trug mein Gewehr mit Würde vom Stand, wie ein Künstler, dessen Werk missverstanden wurde.

Ich war heute nicht schlecht – ich war *kreativ*.

Ich war heute einfach zu tiefenentspannt.

Es hätte ein Triumphzug werden sollen.
Wochenlang hatten wir geübt, optimiert und
debattiert, ob das richtige Frühstück (Kaf-
fee oder Kaffee mit Keks) wirklich ent-
scheidend für den perfekten Zehner sei.
Die Kreismeisterschaft stand an, die Schüt-
zenby-Fraktion war heiß wie Frittenfett.
Alle – außer mir.
Schon beim Frühstück merkte ich:
Heute ist irgendwas anders.
Statt Nervosität verspürte ich... nichts.
Keine Aufregung.
Keine Panik.

Nur einen tiefen inneren Frieden, als hätte ich eine Yogastunde verschluckt. „Bist du bereit?", fragte Willi, unser Oberschützenmeister, und klopfte mir auf den Rücken, als wolle er mich auf eine Mondmission schicken. Ich nickte langsam. Vielleicht etwas zu langsam.

Auf dem Schießstand dann der Super-GAU. Während Heinz wild gestikulierend erklärte, wie die Luftfeuchtigkeit den Diopter beeinflusse, während Uschi hektisch an ihrem Schießhandschuh nestelte und Horst sich philosophisch über den Sinn des Abzugsdrucks ausließ – stand ich da. Und stand. Und stand. Mein erster Schuss: 8,4. Mein zweiter Schuss: 7,9. Mein dritter Schuss: Ein Streifschuss am Rand, der von der Digitalanzeige mit einem mitleidigen „Ping" kommentiert wurde.

Zwischendurch atmete ich tief durch, betrachtete den Sonnenstrahl, der durch ein Fenster fiel, und dachte: „Ach, ist das schön hier."

Willi bekam langsam einen Gesichtsausdruck, als hätte er auf eine Zitrone gebissen. Heinz schnaufte so laut, dass die Zielscheiben wackelten. Uschi murmelte: „Vielleicht meditiert er?"

Und tatsächlich: Während alle anderen schwitzten, fluchten und an ihrer Ausrüstung zerrten, stand ich seelenruhig da.

Ein Monument der Gleichgültigkeit.

Ein Zen-Schütze ohne Trefferquote.

Am Ende kam ich auf ein legendäres Ergebnis

von 258,7 Ringen.

Persönlicher Tiefstand. Aber dafür hatte ich den

niedrigsten Puls der gesamten Veranstaltung – gemessen durch meine Smartwatch, die zwischendurch fragte, ob ich vielleicht ein Nickerchen machen wolle.

Bei der Siegerehrung bekam ich einen Sonderpreis: „Für das tiefenentspannteste Auftreten trotz maximaler Zielverfehlung."
Als Willi mich fragte, was zum Geier da los war,
antwortete ich nur:
„Ich war heute einfach zu tiefenentspannt."
Und während die anderen noch debattierten, ob das jetzt eine taktische Meisterleistung oder ein
handfester Skandal war, gönnte ich mir ein Stück Kuchen und stellte zufrieden fest:
Im Leben, wie im Schießen, kommt es manchmal eben nicht darauf an, wo man trifft – sondern wie gelassen man danebenliegt.

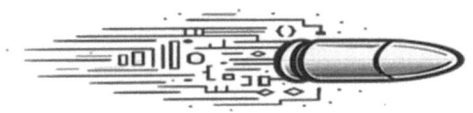

„Mein Kreislauf hat entschieden, Schachspieler zu werden."

Es war der entscheidende Moment. Stehendanschlag. Letzter Schuss. Das Publikum flüsterte ehrfürchtig – oder vielleicht war es der Hausmeister, der mit dem Laubbläser am Parkplatz vorbeizog. Egal. Ich war fokussiert. Tief durchatmen, abziehen,
wie ein Uhrwerk.
Doch mein Kreislauf hatte andere Pläne. Er sagte nichts, kein Brief, keine E-Mail, nicht mal ein Zettel an der Pinnwand:
"Bin dann mal weg. Viel Spaß auf dem Weg nach unten!"
Zack – die Knie wurden zu Gummi, die Sicht zu Nebel, und mein Gleichgewicht entwickelte Ambitionen, sich mit der Gravitation zu versöhnen. Ich sackte langsam aber würdevoll zusammen – wie ein gut gefalteter Campingstuhl. Der Schuss? Der ging natürlich los. Direkt ins Schwarze. Leider nicht auf meine Scheibe.

Sanitäter kamen. Blutdruck gemessen. 90 zu 40 „wie stehen Sie überhaupt noch?" Ich lag da wie ein nasser Sandsack und starrte an die Hallendecke, während mein Puls Schach spielte: Ein Zug hier, ein Schlag da, dann lange Leerlaufphasen, in denen niemand wusste, ob das Spiel noch läuft oder schon Remis ist.

„Dein Kreislauf macht den Magnus Carlsen", sagte der Vereinskamerad trocken. Ich fragte, ob er auch die Schach-Uhr piepen hört. Tat er nicht. Schade.

Die offizielle Ausrede im Wettkampfprotokoll?

„Kreislaufprobleme – akute Umstellung von Sportschütze auf Schachspieler."

Das wurde tatsächlich so eingetragen.

Seitdem habe ich ein leichtes Trauma, wenn jemand sagt „Du bist am Zug". Ich lege dann sofort die Waffe weg und suche mir ein schattiges Plätzchen mit stabilem Blutdruck.

Aber hey – ich bin der Einzige im Verein, der beim Wettkampf *simultan* in zwei Sportarten angetreten ist: Schießen **und** Umfallen.

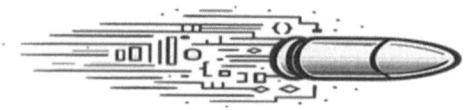

Ich war nicht schlecht – nur der Schießsport hat mich heute nicht verstanden.

Es war einer dieser Tage, an denen man schon beim Aufstehen spürt: Heute wird Geschichte geschrieben. Leider stand nicht dabei, ob es sich um eine Heldensage oder eine Tragödie handeln würde.

Ich trat also mit voller Zuversicht an die Schießlinie. Frisch geölt war nicht nur mein Gewehr, sondern auch mein Ego. Das Hemd saß stramm, die Miene entschlossen, das Ziel klar vor Augen – im wahrsten Sinne des Wortes. Ich zwinkerte der Zehn zu. Sie zwinkerte nicht zurück. Unhöflich.

Der erste Schuss ging raus. Direkt – in Richtung Scheibe. Soweit schon mal gut. Aber statt in der heiß ersehnten Zehn landete er irgendwo im Niemandsland.

Der Schuss war so weit weg von der Mitte, dass er sich vermutlich auf dem Rückweg nach Hause verlaufen hat.
„Der Wind", murmelte ich. Drinnen. In der Halle. Ohne Fenster. Ohne Luftzug. Aber gut – der innere Wind vielleicht.
Oder der kosmische.
Wer weiß das heute noch so genau?
Der zweite Schuss: besser. Eine glatte Acht. Also, zumindest war sie rund. Rein optisch hätte es auch eine Drei sein können, wenn man die Scheibe falsch herum hält.
Ich sagte laut: „Ich schieße mit Konzept! Der moderne Schießsport braucht kreative Impulse!" Der Kampfrichter rollte mit den Augen. Ich wertete das als Zustimmung.
Irgendwann kam ein Vereinskollege vorbei, warf einen Blick auf meine Scheibe und sagte mitleidig: „Mach dir nichts draus, manchmal ist einfach der Wurm drin." Ich nickte weise. Was ich nicht sagte: Der Wurm war heute offenbar mit einem Presslufthammer unterwegs.

Nach dem letzten Schuss – eine erstaunlich gute 9.8 (wahrscheinlich ein Rechenfehler der Anlage) – trat ich zurück und sagte laut:
„Ich war nicht schlecht – nur der Schießsport hat mich heute nicht verstanden."
Stille. Dann Gelächter.
Und einer rief:
„Dann rede doch endlich Klartext mit ihm!"

„Ich hatte einen Zen-Moment – ohne Treffer."

Es war einer dieser seltenen Sonntage. Der Kaffee war nicht verbrannt, der Wecker hatte mich nicht gequält, und mein Schießanzug ließ sich zum ersten Mal seit Monaten ohne akrobatische Einlage schließen. Schon beim Betreten der Halle spürte ich: **Heute ist mein Tag**. Ich war nicht einfach da – ich *war*.

Im Training hatte ich zuletzt ein Video über mentale Stärke bei Leistungsschützen gesehen. Ein Olympiateilnehmer sagte darin, er stelle sich beim Zielen einen ruhigen See vor. Ich war bereit. Ich war dieser See. Ruhig. Tief. Und voller Diabolos.

Der Stand war ruhig. Kein Rascheln. Kein Husten. Kein hallend auftrumpfendes „Zehn!", das einem innerlich wie ein nasser Lappen trifft. Nur ich, mein Gewehr und die Scheibe. Ich hob das Gewehr mit einer Anmut, die irgendwo zwischen Tai-Chi und Schlaftablette lag.

Ich war **vollkommen im Moment**. Kein Muskel zu viel angespannt, kein Gedanke, der mich ablenkte.

Nur eine Stimme in meinem Kopf, flüsterte:

Du bist das Projektil. Du bist der Flug. Du bist das Ziel.

Ich drückte ab.

Ein zartes *pffffft* – fast wie das Seufzen eines Bambuszweigs im Wind. Ich verharrte in meiner Pose. Wartete. Lauschte.

...Nichts.

Die elektronische Anzeige blieb leer. Kein Wert. Kein Piepen. Kein „8.4" oder meinetwegen auch eine „2", mit der man wenigstens hadern könnte. Nichts. Nur der leere Bildschirm, auf dem sonst die Ringzahl wie ein Orakel das Schicksal verkündete.

Ein kurzer Blick nach links – mein Standnachbar, ein älterer Herr mit Schießjacke von 1992 und dem Blick eines Zen-Meisters, nickte respektvoll und sagte:

„Das war der spirituellste Fehlschuss, den ich je erlebt habe."

Ich lächelte. Schließlich hatte ich *innerlich* getroffen. Und ist das nicht der wahre Sieg?

Die Aufsicht kam mit einer Taschenlampe.
Man suchte die Scheibe ab. Den Kugelfang.
Die Wand dahinter. Die Luft. Ich erklärte
ruhig:
„Ich habe losgelassen. Nicht nur den Ab-
zug. Auch das Ego."
Der Aufsichtshabende schaute mich an
wie ein Metzger, der gerade zum ersten Mal
einem Vegetarier begegnet. Dann tippte er
etwas in sein Gerät, das wohl bedeutete:
**„Schuss ungültig – vermutlich metaphy-
sisch entglitten."**
Ich trat zurück. Setzte mich. Nahm einen
Schluck Wasser. Ich fühlte mich gut. Wie
ein Schütze, der mehr ist als seine Ringzahl.
Als ich später gefragt wurde, wie mein
Durchgang gelaufen sei, sagte ich ohne mit
der Wimper zu zucken:
**„Ich hatte einen Zen-Moment – ohne
Treffer."**
Was dann kam, war Stille. Dann ein Ni-
cken. Dann der leise Satz:
„Besser als ein Treffer mit Wut. Oder
eine Neun mit Gier."
Und so habe ich an diesem Tag nichts ge-
troffen – aber *alles* verstanden.

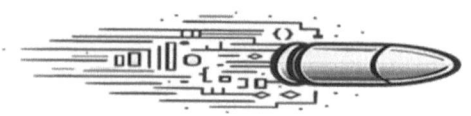

„Ich habe meine Augen mit dem Nachbarn vertauscht."

Es war einer dieser Sonntage, an denen man das Gefühl hat, dass der liebe Gott höchstpersönlich den Schießstand eingeölt hat. Der Kaffee in der Vereinskanne war noch halbwegs trinkbar, das Licht fiel in einem heiligen Winkel auf Stand 6, und der Schießleiter hatte gute Laune – was verdächtig war, denn das passiert eigentlich nur, wenn jemand anderes seine Arbeit machen muss.

Ich bereitete mich gewissenhaft vor: Lieblingsgewehr entstaubt, Schießjacke angezogen, tief durchgeatmet. Alles lief nach Plan. Bis Herr Meier erschien.

Herr Meier, mein ständiger Standnachbar, ist ein Phänomen. Er trägt eine Hornbrille, die aussieht wie aus einem Antiquitätenladen, und pflegt sie mit der Zärtlichkeit eines frischgebackenen Vaters. Während ich eher zu der Fraktion „Brille? Die liegt irgendwo im Auto… oder war's im Werkzeugkasten?" gehöre, ist Meier ein ästhetischer Präzisionsmensch.

Er kam mit einem „Moin", das gleichzeitig Ankunft und Besitzanspruch auf Stand 7 ausdrückte, legte seine Ausrüstung mit chirurgischer Genauigkeit ab und begann das berühmte Brillenputzritual: rausnehmen, hochhalten gegen das Licht, pusten, wischen,

kontrollieren, erneut wischen, die Welt ver-
fluchen, nochmal pusten. Ich war gerade in
der Phase des "Ich-tu-so-als-wüsste-ich-
was-ich-tu", als ich – wie von fremder Macht
gelenkt – nach einer Brille griff.

Meine Brille lag zufällig neben seiner. Oder,
wie sich später herausstellte: nicht zufällig,
sondern fatalerweise genau da, wo seine
sonst liegt. Ich setzte sie auf.

Und dann passierte es.

Die Welt war plötzlich scharf. Nicht nur ein
bisschen. Ich konnte die Fasern der Zielscheibe zählen. Ich konnte durch das Ziel-
fernrohr quasi das Innenleben der Ringe sehen. Es war wie ein Upgrade von VHS auf
4K.

„Alter Schwede, so sieht das also aus, wenn man sieht!", dachte ich. Euphorisiert hob ich das Gewehr, zielte, schoss – und hörte vom Nebenstand ein leises:

„Oh. 10,3? Jetzt schon?"

Ich blickte verwirrt auf meine Scheibe. Keine Einschussstelle. Gar nichts. Ich hob den Kopf – und sah Herrn Meier. Er trug ebenfalls eine Brille. Meine.

Und zwar schief. Und er hielt sein Gewehr nicht ganz auf seine, sondern ziemlich genau auf meine Scheibe.

Was dann folgte, war ein Wettkampf der besonderen Art. Zwei Schützen, zwei Ziele – vertauschte Sichtweisen. Ich traf wie ein junger Gott – allerdings seine Scheibe. Er traf… sagen wir, er bemühte sich redlich, und verschönerte dafür meine mit einem kreativen Trefferbild, das an moderne Kunst erinnerte: 8 links, 7 oben, eine 5 leicht diagonal. Später sagte jemand, es habe ausgesehen wie ein verirrter Pfeil auf einer Schatzkarte.

Nach zehn Minuten kam der Schießleiter zu uns. Er trug das Gesicht eines Mannes, der gerade entdeckt hat, dass jemand in der Küche Teewurst in die Kaffeemaschine gedrückt hat.

„Was zur Hölle macht ihr da?", fragte er trocken.

Ich wollte gerade antworten, als Herr Meier mir mit tränenfeuchten Augen seine Brille reichte und sagte:

„Ich glaube, ich habe heute dein Sehvermögen ausprobiert."

Ich nahm meine Brille zurück. Es war, als würde jemand den Bildschirm wieder auf 480p zurückdrehen. Körnig. Unschön. Ernüchternd.

Wir mussten das Schießen abbrechen. Es folgte eine offizielle Standwarnung. Der Schießleiter schlug vor, künftig Namensetiketten auf Brillen anzubringen. Meier schlug vor, dass wir einfach tauschen – dauerhaft. Ich schlug vor, dass wir alle einsehen, dass unser Sport ab einem gewissen Alter mehr mit Optik zu tun hat als mit Technik.

Seither hat unsere Geschichte Kultstatus. In der Vereinschronik steht sie unter „optische Desorientierung mit Präzisionspotenzial". Und jedes Mal, wenn Meier wieder mit seiner Brille polierend den Stand betritt, sagt er grinsend:

„Heute trag ich wieder deine Augen. Willste mal wieder eine 10 schießen?"

Und ich antworte, ebenso trocken:

„Nur, wenn du mir dafür deine Platzierung gibst."

„Ich habe mit dem Schießstand geflirtet statt mit dem Ziel."

Also dat war so.

Es war ein ganz gewöhnlicher Sonntagmorgen in Norddeutschland – also kalt, windig, und irgendeiner hat wieder vergessen, die Kaffeemaschine im Schützenheim zu entkalken. Ich komme rein, grüß die üblichen Verdächtigen, und denke mir: Heute läuft's. Heute wird 'ne saubere Zehnerserie geschossen. Vielleicht sogar mit Stil.

Tja. Denkste.

Ich setze mich also auf meinen Platz in Stand Nummer 5 – mein Stammplatz, gleich

neben Heinz, dem Weltmeister im Naseboh-
ren in der Schießpause – und richte mich ein.
Diopter eingestellt, Munition sortiert,
Handschuh sitzt, Jacke spannt wie immer an
der falschen Stelle, aber das gehört ja
dazu. Nur mein Fokus – der war irgendwie...
abwesend. Und zwar komplett.

Ich schau durch das Diopter – und was sehe
ich? Keine Zielscheibe. Also doch, die war
da, rein technisch. Aber ich sehe auf einmal
nur den Schießstand. Und zwar in seiner
ganzen betongrauen, leicht modrig riechen-
den Pracht. Die Wand da hinten hatte was.
So eine leicht abblätternde Stelle, wie ein
Schönheitsfleck. Der Seilzug quietschte
leise, fast wie 'ne Liebeserklärung. Und die
Beleuchtung... ach, dieses flackernde Neon-
licht! Romantik pur – norddeutsch halt.

Da wusste ich: Ich habe heut nicht mit dem
Ziel geflirtet. Ich habe mich in den Schießstand verknallt.

Die ersten Schüsse? Katastrophe. Eine 7, dann zweimal in die weiße Fläche, ein Schuss ging so daneben, dass die Scheibe beleidigt zurückzuckte. Wenn man ganz genau hinhörte, flüsterte sie: „Wat glotzt du so? Ich bin hier drüben!" – Aber ich war abgelenkt. Der Beton hatte mir schöne Augen gemacht. Und irgendwie sah selbst die Lüftungsanlage heute aus wie ein alter Flirt aus Jugendtagen.

Heinz drehte sich irgendwann zu mir rüber und meinte:

„Na, auch mal wieder mehr neben als drauf?"

Ich nickte.

„Ich glaub, ich habe Gefühle für Stand 5 entwickelt", sagte ich.

Heinz guckt mich an, nimmt einen Schluck aus seiner Thermoskanne und sagt trocken:

„Tja, wenigstens hat er mehr Treffer als du."

Nach der Serie kam unser Sportleiter. So ein Typ, der mit den Augen rollen kann, ohne dass sich sonst ein Muskel bewegt.

„Was war das denn?" fragt er.

Ich sag: „Zielverfehlung aus Herzensgründen."

Er guckt. Ich erklär: „Ich hab mit dem Schießstand geflirtet statt mit dem Ziel."

Pause.

Dann sagt er: „Weißt du was? Ich glaub, du brauchst 'ne neue Beziehung. Vielleicht mit der Zwölf-Uhr-Stellung."

Seitdem gibt's bei uns im Verein ein inoffizielles Codewort. Wenn jemand richtig mies schießt, aber dabei verträumt guckt, heißt es nur noch:

„Der flirtet wieder mit dem Stand."

Und alle nicken wissend, als wäre das völlig normal.

Ich habe daraus gelernt. Man kann mit vielen Dingen flirten – mit dem Leben, mit dem Glück, mit der Thekenkraft in der Vereinsgaststätte. Aber nicht mit dem Schießstand.
Der ist ein kaltes Biest.
Der gibt dir nix zurück.

Und das Ziel? Das steht da immer noch. Still, ruhig, zuverlässig.

Wie ein guter Ehepartner eben.

Und ich? Ich bleib ihm treu. Meistens. Außer, wenn das Licht wieder so schön durch die Lüftung fällt.

Mein innerer Schweinehund hat aufs Ziel gezielt.

Es fing alles an einem dieser typischen norddeutschen Nachmittage an: Der Wind kam von der Seite, der Nieselregen kam von unten und meine Lust aufs Schießtraining war irgendwo zwischen „geht so" und „eher nicht" angesiedelt. Aber als echter Dithmarscher lässt man sich von so was ja nicht beeindrucken. Wir haben schließlich schon bei 12 Grad und Dauerregen Freibad-Eröffnungen gefeiert.

Also stiefelte ich in die Schützenhalle. Ein Bauwerk aus den 70ern, das von außen aussieht wie eine Lagerhalle für Mähdrescher und von innen... na ja, sagen wir: rustikal. Die Kaffeemaschine ächzt bei jedem Brühvorgang wie ein Fischkutter bei Windstärke acht, und die Luft in der Halle ist so trocken, dass selbst der Lakritz Vorrat im Kioskbereich staubt. Kurz: Ich war daheim.

Ich legte mein Gewehr auf, atmete tief durch und wollte gerade anfangen, da hörte ich ihn wieder:

„Na, auch schon wieder fleißig, du oller Zielscheibenterrorist?"

Er war zurück. Mein innerer Schweinehund.
Nicht zu verwechseln mit dem kleinen, metaphorischen Ding, das einem nur mal kurz ins Ohr flüstert. Nein. Meiner hatte sich manifestiert. Als echtes Wesen. Mit Borsten, Schützenmütze, einem Dosenbier in der Pfote und dem Habitus eines Landgasthof-Stammgastes.

Er saß auf meinem Schießkoffer, die Hinterläufe übereinandergeschlagen, kaute demonstrativ auf einer Frikadelle rum und grinste mich mit fettiger Schnauze an.

„Weißt du, was mir fehlt, wenn du hier so verbissen stehst und auf 'ne Papierscheibe starrst?"
„Ein Funken Motivation?"
„Nee. 'Ne Liege. Und 'n Fernseher. Und 'n kaltes Bier. Mensch, mach mal locker! Zielen ist doch keine Hochleistungskunst. Das ist wie Darten. Nur ohne Kneipe."

Ich seufzte, nahm meine Position ein, versuchte ihn auszublenden. Es ging nicht. Mein innerer Schweinehund war penetrant wie ein HSV-Fan beim Tippspiel.

Ich schaute durch die Diopteröffnung.
Atmen. Halten. Fokus. Druckpunkt suchen.
Und dann – PENG.

*„Jo. War das jetzt gewollt? Oder war das wieder einer von deinen 'Ich schieß mal gucken, wo's landet'-Momenten?"

Ich blickte auf die elektronische Anzeige.
6.3.
Nicht mal annähernd im Ringbereich, in dem ich mich sonst bewege.
Uwe, der neben mir stand, kommentierte trocken:

„Willst du vielleicht noch 'ne Zielscheibe fürs Schwein ausdrucken lassen? Dann kann der wenigstens mit seinem Niveau mitschießen."

Der innere Schweinehund lachte grunzend, hob seine imaginäre Medaille in die Höhe und sagte:

„Ich sag's dir: Das war nicht dein Schuss. Das war mein Schuss. Ich hab gezielt – innerlich. Weil du innerlich schon bei der Grillwurst warst."

Ich versuchte es erneut. Zweiter Schuss. Diesmal mit Konzentration. Ich blendete ihn aus. Keine Gedanken. Nur ich und das Ziel. Fokus. Atmen. Schuss.
10.4.
Na bitte.

„Ha!", rief ich triumphierend.
Der Schweinehund zuckte mit den Schultern.
„Auch ein blindes Huhn trifft mal die Zehn. Aber du? Du hast's wirklich geschafft, den Moment mal nicht zu verkacken. Applaus."

Er klatschte. Langsam. Spöttisch.

In den nächsten Wochen wurde das Verhältnis zwischen uns nicht besser. Ich trainierte, er quatschte. Ich visualisierte, er grillte sich ein Würstchen auf meinem Gewehrlauf. Einmal versuchte er sogar, den Abzug zu betätigen, „um mal zu gucken, wie sich das so anfühlt mit dem Schießsport und Verantwortung". Ergebnis: Treffer im schwarzen Randbereich. Für ihn ein voller Erfolg.

Ich bat meinen Trainer: „Kann ich den mitbringen zur Kreismeisterschaft?"

Er: „Wen?"
Ich: „Meinen Schweinehund."
Er: „Nur wenn er Startgeld zahlt."

Uwe hatte irgendwann genug. Er organisierte eine Disziplin nur für ihn: Liegendschießen für mentale Blockaden.
Startbedingungen: 1 Bier, 3 Ausreden und ein Witz über den Landestrainer.

Am Ende lernte ich, mit ihm zu leben. Mein Schweinehund war nicht mehr nur Störfaktor. Er war mein Sparringspartner. Mein kabbeliger Motivationscoach. Mein norddeutscher Sidekick mit Grünkohl im Herzen und Schnaps in der Seele.

Und manchmal – ganz selten – höre ich ihn sagen:

„Na los, Jung. Zeig, was du kannst. Ich ziel aufs Ziel – aber du triffst. Deal?"

Und dann treffen wir. Gemeinsam. Manchmal die Zehn. Manchmal die Wurstbude.
Aber immer mitten ins Herz des Sportschützenwahnsinns.

„Zittern ist auch Bewegung."

Karl-Heinz war 72, Träger des silbernen Verdienstordens der Kleinkaliber-Schützen-gilde und seit über vier Jahrzehnten stolzes Mitglied des Vereins. In dieser Zeit hatte er an mehr Wettbewerben teilgenommen als der Verein Ehrenurkunden drucken konnte – und das war eine beachtliche Zahl.

Seine Spezialdisziplin: Luftgewehr Auflage. Seine Paradedisziplin: im entscheidenden Moment die Nerven verlieren. Jahr für Jahr dasselbe Ritual. Nach neun Schuss, alles sauber in der Zehn, kam der zehnte. Der le-gendäre zehnte Schuss. Und plötzlich: eine sieben. Immer. Wie mit System.

„War Luftzug in der Halle", erklärte Karl-Heinz dann mit fester Stimme – in einer Schießhalle ohne Fenster, Lüftung oder jegliche Form von Wetter.

Die Jüngeren nickten höflich. Die Älteren schmunzelten wissend. Jeder wusste: Karl-Heinz konnte schießen. Aber er konnte auch denken. Und zwar zu viel.

Eines Tages beschloss der Vorstand, ein bisschen frischen Wind in die alten Strukturen zu bringen. Man engagierte einen Trainer – jung, dynamisch, mit Sportwissenschaftsstudium und einem Hang zur Esoterik. Sein Name war Pascal, er bestand auf das Du, trug Funktionskleidung in gedeckten Farben und redete viel über „mentale Stärke".

Beim ersten Training stand Pascal vor den Veteranen des Vereins, breitete die Arme aus und sagte:

„Heute wollen wir Körper und Geist in Einklang bringen. Nur wer im Kopf ruhig ist, trifft ins Schwarze!"

Karl-Heinz meldete sich: „Frage: Was hilft's, wenn mein Kopf ruhig ist, aber meine Knie Samba tanzen?"

Gelächter.

Doch Pascal ließ sich nicht beirren. Er verteilte Atemübungen, ließ die Schützen ihre Augen schließen und sich den perfekten Schuss vorstellen. Visualisierung. Achtsamkeit. Verbindung von Atmung und Bewegung.

Karl-Heinz machte mit. Widerwillig. Aber er machte mit.

Beim ersten Wettkampf danach passierte etwas Unerhörtes: neun Schuss – alles Zehner. Der zehnte? Eine neun.

Er schüttelte den Kopf, sichtlich enttäuscht. Aber Pascal war begeistert.

„Das ist ein Durchbruch! Du hast deinen Geist kontrolliert!"

Karl-Heinz sah ihn an. Dann sagte er trocken:

„Nein, diesmal habe ich einfach vergessen zu denken. War wohl die richtige Entscheidung."

Seitdem trainierte Karl-Heinz regelmäßig –
mit dem Gewehr und mit dem Geist. Nicht,
weil er plötzlich an Chakren glaubte oder
daran, dass sich das Universum durch Ziel-
fernrohre offenbart. Sondern weil er einge-
sehen hatte: Manchmal ist das größte Hin-
dernis nicht der Körper, sondern der
Gedanke vor dem Schuss.

Und wenn heute jemand beim Training zit-
tert, sagt Karl-Heinz nur noch lächelnd:

„Zittern ist auch Bewegung – aber such dir
besser eine Richtung aus."

Nachwort

Liebe Schützenfreunde,

jede Disziplin, jeder Wettbewerb und jeder einzelne Schuss hat seine ganz eigene Geschichte – und natürlich auch seine ganz eigenen Ausreden. Nach dem ersten Teil dieser Sammlung war schnell klar: Die Geschichten gehen uns nicht aus. Denn seien wir ehrlich, wer hat nicht auch im letzten Jahr neue Gründe gefunden, warum der Zehner knapp verfehlt wurde?

Auch dieser zweite Teil entstand aus den kleinen Momenten des Sports, in denen uns der Humor hilft, das Visier wieder richtig einzustellen – sei es nach mysteriösen Windböen in der Halle oder nach einer besonders zickigen Serie.

Es ist erneut nicht nur eine Sammlung von Ausreden, sondern auch ein Dankeschön an all jene, die unseren Sport lebendig machen: Vereinskollegen, Freunde, Trainer und Zuschauer. Danke für eure Unterstützung, euer Lächeln nach dem Schuss daneben und euren unerschütterlichen Sportsgeist.

Ich wünsche euch auch weiterhin viel Freude beim Sportschießen, treffsichere Momente und – für alle Fälle – stets eine gute Ausrede parat.

Gut Schuss und viel Vergnügen!

Euer Kai Ralfs